カイ

ある日、カイはゆっくり目を開けて、すぐにベッドから飛び出しました。今日は特別な日でした。カイは１７歳になったので、お父さんとディズニーランドに行きます。「お父さん、お父さん、」と言って、キッチンに行きましたが、お父さんはいませんでした。ライオンがいました。ライオンはカイの犬の名前です。テーブルにノートがありました。カイはすぐにノートを見て、悲しくなりました。

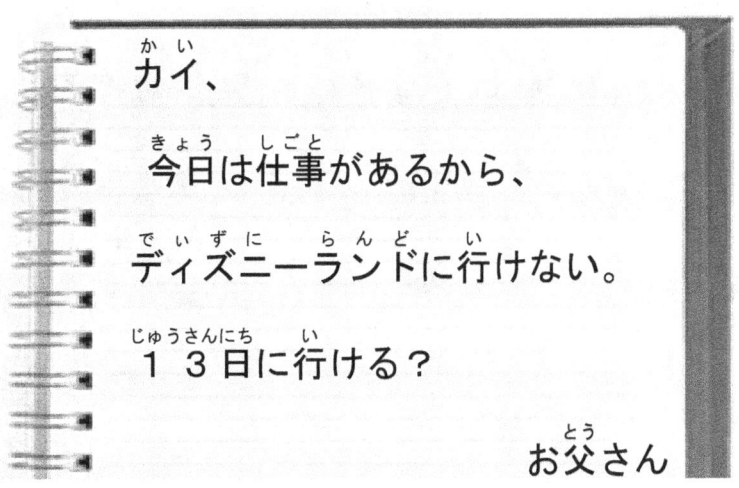

カイ、

今日は仕事があるから、ディズニーランドに行けない。

１３日に行ける？

お父さん

カイは驚きませんでした。お父さんはいつもカイとどこかに行きたかったですが、行けません。カイはお父さんのことが好きですが、お父さんはいつも仕事をしていました。今日、１７歳になりましたが、特別な日じゃないと思いました。でも、すごく特別なことがたくさん待っていました。

今日、ディズニーランドに行けなくなったので、カイは学校に行きました。クラスに行くと、可愛い女の子が「カイ、ディズニーランドに行かないの？」と聞きましたが、カイは悲しすぎて、気づきませんでした。先生は「クラスをスタートしましょう！」と言いましたが、カイは聞いていませんでした。携帯でニュースを見ていました。先生はやっとカイの携帯に気づきました。「カイ、クラスでゲームをしないで下さい。」

Acknowledgements

I would like to thank all the people that assisted and supported me with the creation of my first book. I would like to thank Chris Stoltz for a great workshop that opened my eyes to the world of TPRS. Not only did that workshop completely change how I approach teaching Japanese, this book wouldn't have happened without it. I would also like to thank the great administration at Oak Bay High School and School District 61. They have been very supportive about many teachers in our department completely changing our teaching style.

I would also like to thank Tomomi Hirota and Maki McPhee for reading through a late draft and offering suggestions and edits. It was very helpful to have multiple native speakers' input on what sounded the most natural. As this is my first book, and I have no money, they were kind enough to do it for free, as a favour.

Another big thank you to Matt Cowlrick at Timber Sound Production for giving me an amazing deal on a great recording space to create the audio book. Without him the quality of the audiobook would have suffered substantially.

I also need to thank my friend, and talented artist Elaine Kao. Despite being busy with teaching, moving, and a masters degree, Elaine agreed to help bring this novel to life with great illustrations. This is something I would never have been able to do myself, and I'm just glad I had a talented friend I could turn to. If you enjoy the artwork, check out more of her work at "www.dinoandpanda.com"

Last, but definitely not least, I need to thank my wonderful, and amazingly supportive wife, Lisa Russell. As she is a native Japanese speaker, I knew that I would be asking for her help to edit and improve this novel. She has gone so far above and beyond what I ever could have expected. She's devoted countless hours to working with me to edit and improve this novel. It's amazing how difficult and time consuming it can be to try to make a story interesting, with natural sounding Japanese, while using a limited vocab. Lisa has been an absolutely invaluable resource. This book would not exist without all the hard work that she has put into it.

Additional Formats / Resources

The following formats and resources are available through my website:
https://www.easyjapanesestories.com/

- Paperback Novel
- Ebook
- Audio Book
- Complete English Translation (Pdf)
- Free Printable Glossary

Looking for more resources?

Easier novel for **complete beginners** to be published during the summer of 2019

I'm always working on new books and resources.
Visit my website and sign up for my email list to be notified as I publish new resources.

Copyright © 2018 by Matthew Russell

All rights reserved. No part of this publication may be reproduced, distributed, or transmitted in any form or by any means, including photocopying, recording, or other electronic or mechanical methods, without the prior written permission of the author, except in the case of brief quotations embodied in critical reviews and certain other noncommercial uses permitted by copyright law. For permission requests, write to the author at "easyjapanesestories@gmail.com"

Quantity sales. Special discounts are available on quantity purchases by schools, bookstores, associations, and others. For details, contact the author at the email address above or visit: https://www.easyjapanesestories.com/

「先生、僕はゲームをしていません。」

「ソーシャルメディアを使わないで下さい！」

「ソーシャルメディアじゃありません。ニュースを見ています。」

「携帯も、ゲームも、ソーシャルメディアも、見ないで！ニュースも・・・えっ？ニュースと言いました？」

「はい、ニュースを見ています。」

「え？？ちょっと待って・・・カイがニュースを見ている・・・？学校で何もしないカイが、ニュースを見ている？」

いつも学校で何もしていなかったので、カイは驚きませんでした。誰にも言いませんでしたが、いつも頭が痛くて、学校のことができませんでした。でも、１３日にディズニーランドに行きたかったので、携帯でディズニーランドのニュースを見ていまし

た。そして、悲しいニュースに気づきました。カリフォルニアで大きな地震があったので、13日にもディズニーランドに行けません。

「先生、カリフォルニアで大きな地震がありました。」

先生は「カイ、ここでは地震はありません。携帯をオフにして下さい。」と言いましたが、他のクラスメイトも「先生、カナダでも、メキシコでも、色々な所で地震がありました。」と言いました。先生が「みんな、今ニュースを見ないで下さい。ここは大丈夫ですから。」と言いましたが、急にカイのお父さんと犬のライオンがクラスに入ってきました。お父さんは、「カイ、ここは危ない。今すぐ帰るよ！速く！」と言いました。先生とクラスメイトは驚いて、何も言えませんでした。カイも驚きましたが、

学校が好きじゃなかったので、お父さんと帰りました。帰りに、「お父さんとライオンはどうして学校に来たの？どうして今すぐ帰るの？帰って、何をするの？」と聞きましたが、お父さんは何も言いませんでした。家に帰って、お父さんはやっと話しました。
「カイ、キッチンで待っていなさい。」
「お父さん、どうして帰ってきたの？何があったの？」
カイは「怖いよ！」と言いたかったのですが、言えませんでした。お父さんはベースメントに行ったので、カイとライオンはキッチンで静かに待っていました。やっと、お父さんはベースメントから出てきました。
「カイ、ここは危ないから、０４０４に行きなさい。」
「危ない？僕はどこに行くの？ディズニーランドは？お父さんも行くの？」

「カイは０４０４に行く。僕は行けない。仕事があるから。」

「０４０４？どこ？バスで行くの？」

「ライオンで行くよ。」

「えっ？ちょっと待って・・・ライオンで？お父さん、ライオンは犬だよね？」

でも、お父さんはカイの話を聞いていませんでした。お父さんはライオンと話していました！お父さんがライオンに「カイと０４０４に行って、あの人を探して。」と言うと、ライオンは、「えっ？！・・・０４０４は怖い所ですが・・・」と言いました。

カイは驚きました。ライオンが話しました！でも、お父さんは驚きませんでした。ライオンに「自分の仕事分かっている？！今すぐして！」と言いました。

ライオンは悲しそうに「はい、分かりました。」と言

いました。カイはライオンを見ていました。この犬が話していました！そしてライオンは大きくなって、カイに跳んできました。気づくとカイはライオンの中に入っていました。

怖くて、カイは長い間、目を開けられませんでした。やっと目を開けると、お父さんはいませんでした。でも、ライオンはいました。ライオンはカイを見て「ごめんね。大丈夫ですか？驚きましたね。怖か

ったですか？」と聞きましたが、カイはライオンを見て何も言えませんでした。色々なことを思っていました。

「犬が話している？ライオンは犬じゃない？お父さんはどこ？ここは家じゃない。僕はどこ？」

ライオンはまた「大丈夫ですか？」と聞きました。

「大丈夫じゃない。僕は犬と話している。でも、話せる犬はいない・・・」

「僕は犬じゃありません。僕はロボットです。心配しないで、カイを守るのが僕の仕事です。」

「えっ！？ロボット？僕を守る？よく分からない。家に帰りたい。」

「地球は危ないから、今は帰れません。」

「地球は危ない？ちょっと待って、ここは地球じゃないの？」

「地球じゃありませんよ。ここはプラネット０４０４です。」

ナタリア

カイはまたライオンを見て、「犬じゃない？ロボット？」カイは頭が痛くなりました。家に帰りたいと思いました。長い間何も言わないで、何もしませんでした。すごく静かでした。カイは周りを見ました。学校があって、家もたくさんありましたが、すごく古かったです。長い間、誰も使っていませんでした。

やっと、カイは話しました。

「ここのみんなは、どこに行ったの？そして、プラネット０４０４って、ちょっと変な名前じゃない？」

「５０００年前にここのみんなはいなくなりました。でも、どこに行ったのか誰も知りません。５０００

年前に他の名前がありましたが、今は誰も知りません。みんなはプラネット０４０４と言います。」

「お父さんは何と言っていたの？『あの人を探して』と言っていたよね？あの人って誰？」

ライオンは「知りません。」と言いましたが、カイは、ライオンは絶対何か知ってると思いました。カイはまた「あの人って誰？」とちょっと強く聞きました。

「あの人はすごく怖い人です。そして、いつも危ない所にいます。僕は行きたくないです。」

「えっ？どうして何でも怖いと思うの？ロボットは強くないの？怖いと言わないで。怖かったら、どうしてお父さんがライオンに『あの人を探して』と言ったの？」ライオンは長い間何も言いませんでしたが、

やっと、「その怖い人はカイのお爺さんですから。」と言いました。

「えっ！？ちょっと待って。僕のお爺さん？僕にお爺さんはいないよ！」

「お爺さんがいますよ。地球にはいませんでしたから、お父さんは何も言いませんでした。」

カイは長い間カイとお父さんだけだと思っていましたが、お爺さんもいることが分かり、すごく嬉しくなりました。ちょっと怖かったですが、すぐにお爺さんの所に行きたいと思いました。でも、お爺さんがどこにいるのか分からなかったので、ライオンに聞きました。ライオンは何も言いたくなかったのですが、やっと「カイの携帯で『お爺さん』を探せます。」と言いました。カイは驚きました。プラネット０４０４で地球の携帯を使えると思いませんでした。でも、

携帯はお父さんの携帯でした。お父さんはいつも「どこでも使える特別な携帯」だと言っていたので、その携帯でお爺さんを探しました。お爺さんがいる所が携帯のマップに出てきました。カイはすぐに走り出しました。

　「カイ、ちょっと待ってください。お爺さんがいる所は近くないですよ。カイは走るのが速くないですから、僕に乗って下さい。」

　ちょっと怖かったですが、カイはライオンに乗りました。ライオンはすぐに走り出しました。カイは驚きました。カイはこんなに速く走ったことがありませんでした。ライオンに乗っている間、カイはまた周りを見ていました。すごかったです。絶対地球じゃありませんでした。ライオンは何かが聞こえ、急に止まりました。

　カイは「どうして止まったの？大丈夫？ここはど

こ？」と大きな声で聞きましたが、ライオンは小さな声で「カイ、ここは危ないですから、大きな声を出さないで下さい。怖い人が来ますよ。」と言いました。そして、誰かが来ましたが、怖い人じゃありませんでした。可愛い女の子でした。

カイはこんなに驚いたことがありませんでした。プラネット０４０４にこんな可愛い人がいると思いま

せんでした。カイはその女の子と話したかったのですが、可愛過ぎて、カイは何も言えませんでした。

女の子は

「何をしていますか？誰ですか？」と聞きました。

「僕のお爺さんを探しています。僕はカイです。この犬はライオンです。」

「ナタリアです。」

「ナタリアはここで何をしていますか？」

カイはゆっくり話したかったのですが、ナタリアは走り出しました。

「えっ？ナタリア、どこに行くのですか？」

「家に帰ります。」

カイはまたライオンに乗って、ナタリアと走りました。

「速く帰りたいですか？この犬に乗って2人で行きま

しょう！」

「2人も犬に乗る？変ですよ。そして、速くないと思います。」

カイは「大丈夫、大丈夫、乗って下さい。」と言いましたが、ライオンはちょっと心配していました。小さな声で「・・・2人？」と言いましたが、誰も聞いていませんでした。ナタリアはゆっくりカイとライオンを見て、やっと、ライオンに乗りました。

ライオンは大きくなかったので、ナタリアとカイは

ライオンの上ですごく近くなりました。ナタリアは大きな声で「行きましょう！」と言ったので、ライオンはまた走り出しました。

ちょっと走ると、ナタリアは「待って。」と小さな声で言いました。「ここです。お爺さんが中にいますから、静かにしていて下さい。」

ナタリアはドアを開けられなかったので、カイを見て可愛い声で「ドアが古くて、開けられません。カイは強そうなので、開けられますよね？」ライオンは絶対に何か変だと思ったので、「ちょっと待って。」と言いましたが、カイは「ライオン、静かにして。このドアを開けるよ！」と言い、カイとライオンがドアを開けました。でも、中に入れませんでした。急に立っている所が開いて、カイとライオンが落ちました。

カイは何も見えませんでした。「ナタリア？大丈夫？ナタリア？」と聞きましたが、ナタリアはいませんでした。カイとライオンだけ落ちました。カイは嬉しかったです。ナタリアは落ちませんでした。でも、カイはナタリアがどこに行ったのか、どうして落ちなかったのか分かりませんでした。急にライオンが跳んで、大きな声で「わああ！」と言いました。カイは驚きましたが、すぐにカイも何か聞こえました。

タイガー

タイガーの声に近かったですが、ここは地球じゃなかったので、カイは「タイガーじゃない。タイガーじゃない。タイガーじゃない。」とライオンにも自分にも言いました。声がまた大きくなって、近くなって、カイは何かが見えてきました。地球のタイガーじゃありませんでしたが、タイガーに近い動物でした。カイは自分に「僕は大丈夫、ライオンがいるから。」と言いました。カイを守るのがライオンの仕事でしたから。でも、ライオンは何もしませんでした。ライオンはカイを見て「何かして下さい。あのタイガーと話して下さい。」と言いました。

「タイガーと話す！？できないよ！」

「できますよ。」

「できないよ！」

「できますよ！」

カイがまた「できないよ！」と言う前に怖いタイガーが跳んできました。

カイは思わず、「止まれ！！！！」と大きな声で言って、カイは驚きました。タイガーが止まりました！カイの前に立ってカイを見ていました。

急にタイガーが話し出しました。

「どうして、タイガー語が分かりますか？」

「えっ、タイガー語分かりません。」

「今、タイガー語で話していますよ。」

やっと、ライオンも話しました。

「カイは動物と話せます。地球にいる間頭がいつも痛かったですね？」

「いつも痛かった。でも、ライオンに言わなかった。」

「カイもカイのお父さんも動物と話せます。地球に動物がたくさんいますから、頭が痛くなります。」

他の人に「動物と話せるよ。」と言ったら、絶対に驚きますが、カイは驚きませんでした。今日は地震がたくさんあって、好きなライオンが犬じゃないと分かって、ライオンに乗ってプラネット０４０４に来て、驚くことがあり過ぎたので、驚けませんでした。

ライオンは「ここから、出ましょう。」と言いました

が、ドアが見えませんでした。カイはタイガーに「ここから出られる？」と聞きましたが、タイガーは「ここから、出られません。長い間1人でいて、ドアを探しましたが、ドアはないと思います。でも、今1人じゃないから、嬉しいです。」と言いました。

カイとライオンもドアを探しましたが、出られる所はありませんでした。でも、カイは心配していませんでした。ライオンとタイガーに「ナタリアが来るから、心配しないで。」と言いました。ライオンは驚きました。

「ナタリアが来ると思いますか。絶対に来ませんよ！どうしてナタリアがここにいないと思いますか？ナタリアはトラップがあるのを知っていましたから、ここにいませんよ。僕は『ちょっと待って』と言いましたが、カイは、ナタリアが可愛いから、僕のことを

聞きませんでした。」

長い間誰も何も言いませんでした。やっとカイが

ライオンに「ロボットは強くない？何もできない？

ライオンの仕事は僕を守ることじゃないの？どうして

何もしないの！？」と言いました。ライオンは何も言

いませんでしたが、急に何かが聞こえてきました。

タイガーが「地震ですよ！」と言いました。カイは何

もしませんでしたが、ライオンはすぐに大きくなっ

て、カイの上に跳んできました。上から色々落ちてき

ましたが、地震の間ライオンはカイを守りました。

そして、みんなは上を見ると、ドアがありました！

ライオンは「カイ、タイガー、跳びますから、すぐに

乗って下さい！」と言いました。3人で危なくない

所に跳んで行けました。カイが周りを見て、

ナタリアを探していましたが、ナタリアはいませんで

した。そして、気づきました。家もありませんでした。ナタリアを探したかったですが、タイガーが

「カイ、ここは地震がたくさんありますから、今すぐ行って下さい！」

「タイガーも来ますか？」

「僕は家に帰ります。長い間帰っていませんでしたから、みんな心配していると思います。」

カイはちょっと悲しかったですが、カイも自分の家に帰りたかったので、何も言えませんでした。タイガーが行ってから、カイはライオンに「ごめん、ナタリアが可愛過ぎて、頭を使いませんでした。地震の間僕を守ってくれて、ありがとう。仕事よくできたね。」

「仕事だから、守ったんじゃありません。カイのことが好きですから。」

「僕もライオンのことが好き。今日からライオンが

言うことを聞くよ。」

カイはポケットから携帯を出して、マップを見て「お爺さんの所はここから５００km。」と言いました。

「お爺さんの所？僕はお爺さんの所は『危ない』と言いましたよね？カイは『ライオンが言うことを聞く』と言いませんでした？」

「聞いているよ。でも、プラネット０４０４に危なくない所はある？お爺さんの所に行きたい。でも、ライオンが『行かないで』と言ったら、行かない。」

ライオンは「行かないで」と言いたかったですが、好きなカイを見て言えませんでした。ライオンは行きたくなかったですが、「僕に乗ってお爺さんを探しましょう。」と言いました。

あの人

ライオンに乗っている間、カイはライオンに色々聞きました。でも、ライオンは何も分かりませんでした。

「ライオン、お爺さんの名前は何？」

「分かりません。」

「お父さんは地球の人？プラネット０４０４の人？」

「分かりません。」

「お父さんは地球で何をしているの？お父さんの仕事は何？」

「分かりません。」

「どうして、僕は動物と話せるの？」

「分かりません。」

「何も分からないの？『分かりません』と言わないで！」

「ここはお爺さんの家です。ここも危ないですから、大きな声を出さないで下さい。」

カイは色々聞きたかったですが、ライオンは何も分からなかったので、お爺さんに聞こうと思いました。ライオンとカイはゆっくりお爺さんの家に行って、ライオンが静かにノックをしました。でも、ドアは開きませんでした。ライオンが「誰もいません。危なくない所に行きましょう！」と言いましたが、カイは強くノックをしました。すると、誰も来ませんでしたが、ドアが開きました。怖かったですが、カイがすぐに中に入ったので、ライオンも入りました。変な家でした。中に何もありませんでした。ライオンはカイの近くに来て小さな声でまた「誰もいません。危なくな

い所に行きましょう。」と言いましたが、カイは「静かにして!」と言いました。カイはこの何もない家に小さなブックケースがあるのに気づきました。よく見ると、そのブックケースはドアでした!ドアの近くに行くとカイの頭が痛くなりました。ライオンはカイを見て、心配になりました。「大丈夫?」と聞きましたが、頭が痛すぎて、聞こえませんでした。怖かったですが、ライオンは急に「分かりました!」と言いました。すぐにドアに跳んで行って、ドアを開けました。中を見るとたくさんの動物がいました。

「カイ、動物がカイに話していますよ!カイは『動物と話せない』と思っているから、頭が痛くなりますよ!動物と話して下さい!」

でも、カイは聞いていませんでした。ライオンはすごく心配していました。頭が痛いカイを見て、悲しく

なりました。また「カイ！動物と話して下さい！」と強く言うと、カイはやっと気づきました。カイは動物を見て話し出しました。色々な見たことがない動物と話しました。頭の痛みがゆっくりなくなってきました。

動物と話している間に動物じゃない声もちょっと聞こえてきました。見えませんでしたが、2人の声でした。声の近くに行くと、話がよく聞こえてきました。1人の声はお爺さんだと思いました。そのお爺さんは女の子と話していました。

「えっ！？絶対あの女の子はナタリアじゃない。」と自分に言いましたが、近くに行くと、話していた２人が見えました。

「ナタリア？」

「えっ！カイ！？どうしてここにいるのですか？」

「お爺さんを探しています。」

お爺さんが急に立ちました。「名前は何ですか？」

「カイです。」

お爺さんはカイをよく見ました。そのタイミングでライオンが来ました。

「ちょっと待って、カイ、ナタリアですよ！」

「知ってるよ。」

ライオンは大きくなって、ナタリアの上に跳んで行きました。

「どうして、あの家に行きましたか？絶対ナタリアの家じゃありませんでした。トラップがあるのを知っていましたね。どうして何も言いませんでしたか？」と言いましたが、お爺さんが大きな声で「ライオン！」と言うと、ライオンはお爺さんを見て驚きました。急に小さくなって、カイの所に跳んで行きました。カイに「あの人ですよ。あの怖い人はカイのお爺さん

です。」と小さな声で言いました。

お爺さんはカイを見て、

「カイ、やっと来ましたね。長い間待っていました。」

ルシファー

カイのお爺さんでした！カイは色々聞きたかったです。「どうしてナタリアはここにいるの？どうしてお爺さんはカイを『長い間待っていた』の？どうして、ライオンはお爺さんが怖いと思っているの？」でも、分からないことがあり過ぎて、何も聞けませんでした。長い間誰も話しませんでした。みんなはカイを見ていました。やっと、お爺さんが話し出しました。

「カイ、大丈夫？どうして驚いていますか？お父さんは僕とプラネット０４０４の話をしましたね。」

「えっ？！お父さんは何も言いませんでした。今日、僕は他のプラネットに行けることが分かりました。

今日、僕にお爺さんがいるのが分かりました。」

お爺さんは驚きました。そして、悲しくなりました。

「ライオン、ナタリア、どこかで待っていて下さい。僕とカイはちょっと話します。」

ライオンとナタリアが家を出てから、お爺さんが話し出しました。

カイのお爺さんはプラネット０４０４の人でした。

５０００年前にここでたくさんの地震がありました。

怖かったので、お爺さんとカイのお父さんは地球に行きました。１０００年前にお爺さんはプラネット０４０４に帰りたかったのですが、お父さんは地球が好きなので、お爺さんは１人で帰りました。でも、誰もいませんでした。お爺さんは長い間プラネット０４０４のみんなは他のプラネットに行ったと思っていました。地震があり過ぎて、危なかったですから。でも、誰もどこにも行きませんでした。ルシファーが来ました。ルシファーが強すぎて誰も何もできませんでした。でも、ルシファーは強いだけじゃありませんでした。プラネット０４０４にはたくさんピンクダイヤモンドがあったので、ルシファーが来ました。ルシファーが近くに来ると、ダイヤモンドがプラネットの中から出てきて、たくさん地震がありました。ルシファーはたくさんのピンクダイヤモンドを

食べたらすごいことができました。ダイヤモンドの

パワーを使って、プラネット０４０４のみんなを

ダイヤ人にしました。

お爺さんとお父さんだけダイヤ人になりませんでし

た。ダイヤ人は強いですが、頭は動物に近いです。

ルシファーが言うことだけをします。大きな

ダイヤモンドがなくなったので、ルシファーはここに

いませんでしたが、ダイヤ人はたくさんいました。

カイはお爺さんの話をよく聞いて、お爺さんに「お爺さんは何もできませんか？」と聞きました。

「僕は何もできませんが、カイはできますよ。ピンクダイヤモンドのパワーを使ったら、できます。」

「ピンクダイヤモンド？」

ルシファーはピンクダイヤモンドのパワーで強くなりましたが、ルシファーだけじゃなくて、プラネット０４０４の人もピンクダイヤモンドのパワーが使えます。ナタリアはピンクダイヤモンドを探していたので、あの家に行きました。でも、ありませんでした。

プラネット０４０４にたくさんピンクダイヤモンドがありましたが、ダイヤ人の仕事はルシファーが食べなかった小さなピンクダイヤモンドを探して、食べることでした。

「カイ、ごめん。危ないですが、ナタリアと

ピンクダイヤモンドを探して下さい。

ピンクダイヤモンドがなかったら、ルシファーは地球のダイヤモンドも食べます。地球のみんなもダイヤ人になります。」

お爺さんの話は怖かったです。長い間カイは何も言えませんでした。やっとカイは「お爺さん、どうしてプラネット０４０４のみんなはピンクダイヤモンドのパワーを使いませんでしたか？」と聞きました。

「カイ、プラネット０４０４のみんなはピンクダイヤモンドのパワーが怖いと思っていたので、使いませんでした。」

「お爺さん、どうして僕ですか？どうして他の人はできませんか？どうしてお爺さんは何もできませんか？」

「カイ、今はプラネット０４０４の人はカイとカイのお父さんと僕だけです。お父さんは地球にいますか

ら、何もできません。僕は６０００歳ですから、色々な所が痛くて、どこにも行けません。カイだけができますよ。」

ナタリアがまた入ってきて、「他の所でピンクダイヤモンドを探します。」と言うと、お爺さんは「カイも行きます。」と言いました。ナタリアは「１人でできますよ！」と言いたかったですが、ナタリアはプラネット０４０４の人じゃないので、ピンクダイヤモンドのパワーを使えません。

カイはゆっくりナタリアを見て、お爺さんを見て、ライオンを見て、「分かりました。怖いですが、ピンクダイヤモンドを探しましょう！どこにありますか？」

でも、ナタリアも、お爺さんも、分かりませんでした。誰も何も言いませんでした。カイはライオンが

ちょっと変だと気づきました。ライオンは誰のことも見ていませんでした。

「ライオン、どうした？」

「何もありませんよ。」

「どうして誰のことも見ていないの？どうした？」

「何も言いたくないです。」

「何を言いたくないの？」

「ピンクダイヤモンドがある所は危ないですよ！行きたくないです！」

「ええ？ライオンはピンクダイヤモンドがある所を知ってる？」

みんなライオンを見て、やっとライオンが話しました。ライオンはピンクダイヤモンドがどこにあるか分かりませんでしたが、どうやって探せるのかを知っていました。カイの特別な携帯を使って、

「ピンクダイヤモンド」と探したら、出てきます。

カイはすぐに携帯を出して、探しました。ここに近くなかったですが、ピンクダイヤモンドがありました。

「お爺さん、ここで待っていて下さい。僕とナタリアが行ってきます。」

「カイ、ここに帰らないでください。ピンクダイヤモンドがたくさんあったら、地球にすぐに帰って下さい。ピンクダイヤモンドがなかったら、ここに帰らないで、他のプラネットに行って探して下さい。」

カイは悲しかったですが、「分かりました。」と言いました。

カイはナタリアとライオンを見て、「行きましょう！」と言いました。カイとナタリアはライオンに乗って、ライオンが走り出しました。

Matthew Russell

スネーク

カイはルシファーのことが怖いと思いましたが、また可愛いナタリアとライオンに乗って、ちょっと嬉しくなりました。嬉しくて、ライオンが急に止まったことに気づきませんでした。ナタリアも気づきませんでしたから、ライオンがやっと「ここですが・・・」と言いました。カイは驚いて、ライオンから落ちました。カイは周りを見るとすごく古い家がありました。ナタリアを見て、自分に「怖くない、怖くない！」と小さな声で言いました。ナタリアは「ええ？何か言いましたか？」

「何も言いませんでした。入りましょう！」

カイがドアを開ける前にライオンが「待って下さい！

この家にもトラップがあると思います。帰りましょう！」

カイはトラップに落ちたくなかったので、ドアを開けませんでした。

でも、カイにはアイディアがありました。「ライオンの仕事は僕を守ることだよね。」

「はい、その仕事をしたいですから、帰りましょう！」

「帰らない。僕を守りたかったら、ライオンがドアを開けて。」

「えっ！？僕！？」

「心配しないで。トラップがあったら、僕とナタリアがライオンを探すよ。」

ライオンはカイを見て、ナタリアを見て、ドアをゆっくり開けました。トラップはありませんでした。

ナタリアはすぐに中に入ったので、カイとライオンも

入りました。カイは何も言いませんでしたが、この家は大きくて古くて、怖いと思いました。3人でピンクダイヤモンドをゆっくり探しました。急にナタリアが止まりました。カイが「ナタリア、どうした？大丈夫ですか？」と聞きました。

「何かが聞こえました。誰か来たと思います。」よく見るとダイヤ人が家の近くに来ていました。カイが小さな声で「ナタリア、ライオン、ダイヤ人が近くにいる。静かに！！」と言いました。

ダイヤ人を見るとカイはちょっと悲しくなりました。このダイヤ人はダイヤ人になる前にプラネット０４０４の人でした。みんなでまた探しましたが、ピンクダイヤモンドはどこにもありませんでした。

カイが「ベースメントに行きましょう。」と言って、カイとナタリアはベースメントに行きました。ベー

スメントが怖くてライオンは行きたくなかったですが、1人でダイヤ人の近くで待つことも怖かったので、やっとライオンもベースメントに行きました。みんなベースメントにいたので、ダイヤ人が家に入ってきたことに気づきませんでした。

3人でピンクダイヤモンドを探しましたが、ありませんでした。ナタリアが「カイ、ここにピンクダイヤモンドはありません。他の所に行って、探しましょう。」と言いましたが、カイは何も言いませんでした。

ライオンが「カイ、カイ、大丈夫ですか？」と聞きましたが、カイは気づきませんでした。カイは下を見ていました。すると、ナタリアとライオンが、地震に気づいて、「今すぐ行きましょう！」と言いましたが、カイは地震にも気づかなくて、長い間、下を見てい

ました。ナタリアとライオンもカイの下を見て、驚きました。カイの下からピンクダイヤモンドが出てきていました。

カイも驚きました。ライオンとナタリアに「このピンクダイヤモンドはどこから出てきましたか？どうやって出てきましたか？」と聞くと、どこかから誰かが「はははは・・・何も分かっていませんね！」と言いました。カイは驚きました。

ナタリアとライオンの声じゃありませんでした。

「えっ！？誰の声！？」

「僕ですよ。カイは何も分かっていませんね。」

カイはよく見るとやっと話している人が見えました。でも、人じゃありませんでした。小さくて、強くなくて、怖くない何かでした。

「えっ！？どうして僕の名前を知っていますか？」

「ルシファーはカイを待っていましたよ。」

「ルシファー？お爺さんからルシファーのことを聞きましたが、大きくて、強くて、怖い人だと思っていました。」

「えっ！？僕は怖いですよ。でも、僕はルシファーじゃありません。ルシファーは僕の先生です。僕は強くて、怖いスネークです！」

でも、カイはスネークが1人でしたから、怖いと思い

ませんでした。カイはピンクダイヤモンドを持って、ライオンに「このダイヤモンドをどうやって使うの？」と聞くと、

「ダイヤモンドを食べて強くなって下さい。」

「ダイヤモンドを食べられないよ！」

「カイは地球の人じゃありません。プラネット０４０４の人ですから、ピンクダイヤモンドを食べられます。」

カイはダイヤモンドを食べようと思いましたが、見るとダイヤモンドを持っていませんでした。スネークがピンクダイヤモンドを持っていました。でも、スネークだけじゃありませんでした。ベースメントにダイヤ人がたくさん入ってきました。ダイヤ人の１人がピンクダイヤモンドを食べました！カイはナタリアとライオンに「ごめんなさい。何もできませんでした！」と言いました。

ナタリアは「大丈夫、大丈夫。」と言いたかったですが、大丈夫じゃありませんでした。ダイヤ人がたくさんいすぎて、ナタリアも何もできませんでした。スネークは「はははは！僕を怖いと思いませんでしたか？ここで待ちましょう。ルシファーが来ますよ。」

ライオンが「ルシファー？」と静かな声で言って、みんなライオンを見ました。

「ルシファーがここに来ますか？」

スネークは「ここに来ますよ。ルシファーはカイがここにいることを知ったら、すごく嬉しくなります。みんなで待ちましょう！ははははは！」

ライオンの声が急に強くなって「待ちませんよ！」と言って、みんな驚きました。ライオンはまた大きくなって、ナタリアとカイに跳んできました。すると、ナタリアとカイはライオンの中に入っていました。スネークは何もできませんでした。ライオンが「ルシファーは嬉しくなると思いますか？」と言って、3人でプラネット０５０５に行きました。

Kai and Planet 0404

Glossary

あ・ア

あいだ	While/During
アイディア	Idea
あきました	(something) opened
あきません	(something) doesn't open
あけて	To open
あけました	Opened
あけません	Doesn't open
あけられなかった	Couldn't open
あけられません	Unable to open
あける	To open
あたま	Head
あった	There was / Had(object)
あったら	If there is / If ~ has
あって	There is / To have (object)
あの	That~
あぶない	Dangerous
あぶなかった	Was dangerous
あぶなくない	Not dangerous
ありすぎた	There was too much
ありすぎて	There is too much
ありました	There was / Had(object)
あります	There is / To have (object)
ありません	There isn't / To not have (object)
ある	There is / To have (object)
あるひ	One day

い・イ

いい (言い)	To say
いいたかった	Wanted to say
いいたくない	Don't want to say
いいたくなかった	Didn't want to say
いいました	Said
いいます	To say
いいません	To not say
いう	To say
いえ	House
いえません	Unable to say
いかない	To not go
いかないで	Don't go
いきたい	Want to go
いきたかった	Wanted to go
いきたくない	Don't want to go
いきたくなかった	Didn't want to go
いきなさい	Go (strong command)
いきました	Went
いきましょう	Let's go
いきます	To go
いきません	To not go
いく	To go
いけない	Unable to go
いけなくなった	Became unable to go
いけません	Unable to go
いける	Able to go
いすぎて	There are too many (living things)
いた	(someone) was (somewhere)
いたかった	Was painful
いたくて	Is painful
いたくなりました	Became painful

いたくなります	To become painful
いたすぎて	Too painful
いたみ	Pain
いった（行）	Went
いった（言）	Said
いったら（言）	If/when say
いって（行）	To go
いって（言）	To say
いっていた（言）	Was saying
いってきます（行）	To go and come back
いってください（行）	Please go
いつも	Always
いて	There is (living thing)
いない	There isn't (living thing)
いなくなりました	Disappeared (Living thing)
いぬ	Dog
いま	Now
いました	There was (living thing)
います	There is (living thing)
いますぐ	Right away
いません	There isn't (living thing)
いる	There is (living thing)
いろいろ（な）	Various
いわないで	Don't say / Without saying
いわなかった	Didn't say

う・ウ

うえ	above, on
うれしい	Happy
うれしかった	Was happy
うれしくて	Happy
うれしくなりました	Became happy
うれしくなります	To become happy
うれしくなる	To become happy

え・エ

え・ええ・えっ	What? Huh?

お・オ

おおきくて	Large
おおきくなかった	Wasn't Large
おおきくなって	Become Large
おおきな	Large
おじいさん	Grandfather
おちたくなかった	Didn't want to fall
おちてきました	Started to fall
おちなかった	Didn't fall
おちました	Fell
おちません	To not fall
おとうさん	Father
おどろいた	Was surprised
おどろいたことがありませんでした	Had never been surprised before
おどろいて	To be surprised
おどろいています	To be surprised
おどろきました	Was surprised
おどろきます	To be surprised
おどろきません	Isn't surprised
おどろく	To be surprised
おどろけません	Unable to be surprised
オフにしてください	Please turn off
おもいました	Thought

おもいます	To think	かなしくなりました	Became sad
おもいません	To not think	かなしすぎて	Too sad
おもう	To think	かなしそうに	Sadly (seems)
おもった	Thought	カナダ	Canada
おもっていた	Was thinking	から	Because / From
おもっていました	Was thinking	カリフォルニア	California
おもっている	Is thinking	かわいい	Cute
おもわず	Without thinking	かわいすぎて	Too cute
おんなのこ	Girl		

き・キ

きいて	To listen
きいていません	Isn't listening
きいている	Is listening
ききたかった	Wanted to listen
ききました	Listened / Asked
ききません	To not listen/ask
きく	To listen / ask
きけません	Unable to ask/listen
きこう	Let's ask/listen
きこえ	Able to hear
きこえてきました	Started to be able to hear
きこえました	Able to hear
きこえません	Unable to hear
きた	Came
きづいて	To notice
きづかなくて	To not notice
きづきました	Noticed
きづきません	Doesn't notice
きづく	To notice
キッチン	Kitchen
きて	To come

か・カ

か	(particle)Question marker / Or
が	(particle)Subject marker / But
かえって	To go back
かえっていません	Not going back /(in the state of not being back)
かえってきた	Came back
かえらない	To not return
かえらないで	Don't return / Without returning
かえらないでください	Please don't return
かえれません	Can't go back
かえりたい	Want to go back
かえりたかった	Wanted to go back
かえりに	On the way back
かえりました	Went back
かえりましょう	Let's go back
かえります	To return (home)
かえる	To go back / return
がっこう	School
かなしい	Sad
かなしかった	Was sad

きていました　Was coming / Had come
きました　Came
きます　To come
きません　To not come
きゅうに　Suddenly
きょう　Today

く・ク
ください　Please
クラス　Class
クラスメイト　Classmate
くる　To come
くれて　To give (thing / favour)

け・ケ
ゲーム　Game
けいたい　Cell phone

こ・コ
〜ご　〜 Language
こえ　Voice
ここ　Here
ごせんねんまえ　5000 years ago
こと　Thing(s)
この　This〜
ごひゃくキロ　500km
ごめん(なさい)　Sorry
こわい　Scary
こわかった　Was scary
こわかったら　If it's scary
こわくて　Scary
こわくない　Not scary
こんな（に）　This〜(degree/level)

さ・サ
さい　years old
さがしたかった　Wanted to search
さがして　To search
さがしていた　Was searching
さがしていました　Was searching
さがしています　Searching
さがしてください　Please search
さがしました　Searched
さがしましょう　Let's search
さがします　To search
さがせます　Able to search
さがせる　Able to search
さんにん　3 people

し・シ
しごと　Job
じしん　Earthquake
しずか（な）　Quiet
しずかに　Quietly
しずかにして　Be quiet
した　Below / under
したい　Want to do
しったら　If (someone) knows
しっていました　Knew
しっています　To know / knows
しってる　To know / knows
して　To do
していなかった　Wasn't doing
していました　Was doing

しています　Is doing
していません　Isn't doing
している　Is doing
してください　Please do
しない　To not do
しないでください　Please don't do
じぶん　Oneself
しました　Did
しましょう　Let's do
しません　To not do
じゃありません　Is not
じゃない　Is not
じゃなかった　Was not
じゃなくて　Is not
じゅうさんにち　The 13th(date)
じゅうななさい　17 years old
しりません　To not know
～じん　Nationality
しんぱい　Worry
しんぱいしていました　Was worrying
しんぱいしていません　Isn't worrying
しんぱいしている　Is worrying
しんぱいしないで　Don't worry / without worrying
しんぱいしないでください　Please don't worry
しんぱいになりました　Got worried

す・ス

すき（な）　To like
すぎる　Too much
すぐ（に）　Right away

すごい　Amazing
すごかった　Was amazing
すごく　Amazingly/Really
スタートしましょう　Let's start
すると　And then

せ・セ

ぜったい（に）　Definitely
せんせい　Teacher / master

そ・ソ

ソーシャルメディア　Social Media
そして　And then
その　That~

た・タ

だ　Is/am/are (casual です)
タイガー　Tiger
タイガー語　Tiger language
だいじょうぶ　Okay
タイミング　Timing
ダイヤモンド　Diamond
ダイヤ人　Diamond Person
ダイヤ人にしました　Made into a Diamond person
たくさん　Many / A lot
だけ　Only
ださないでください　Please don't put out
だして　To put out
だしました　Put out(past)
たちました　Stood up
たって　To stand
たっている　Is standing

たべたら	If (someone) eats
たべて	To eat
たべなかった	Didn't eat
たべました	Ate
たべます	To eat
たべよう	Let's eat
たべられない	Unable to eat
たべる	To eat
だれ	Who
だれか	Someone
だれにも	To no-one
だれも	No-one

ち・チ

ちいさくなって	Become small
ちいさな	Small
ちかかった	Was close
ちかく	Close
ちかくない	Not close
ちかくなかった	Wasn't close
ちかくなって	To become close
ちかくなりました	Became close
ちかくに	Nearby
ちきゅう	Earth
ちょっと	A little

つ・ツ

つかいません	To not use
つかう	To use
つかえます	Able to use
つかえません	Unable to use
つかえる	Able to use
つかったら	If (someone) uses
つかって	To use
つかっていません	Not using
つかわないでください	Please don't use
って	(quotation marker)
つよい	Strong
つよく	Strong / Strongly
つよくない	Not strong
つよくなって	To become strong
つよくなってください	Please become strong
つよくなりました	Became strong
つよすぎて	Too strong
つよそう（な）	Seem strong

て・テ

で	(particle) At / Using
テーブル	Table
ディズニーランド	Disneyland
できた	Was able to do
できない	Unable to do
できました	Was able to do
できます	Able to do
できません	Unable to do
でした	Was / (added to negative verb to make it past negative)
です	Is / Am
でて	To come out
でてきて	To come out
でてきていました	Was coming out
でてきました	Came out
でましょう	Let's go out

でも　But / Also
でられません　Unable to go out
でられる　Able to go out

と・ト
と　And / With
ドア　Door
どうした　What happened
どうして　Why
どうぶつ　Animals
どうやって　How
とくべつ（な）　Special
どこ　Where
どこか　Somewhere
どこでも　Anywhere
どこにも　To anywhere
ところ　Place
とびだしました　Jumped out
とびます　To jump
とまった　Stopped
とまりました　Stopped
とまれ　Stop!
トラップ　Trap
とんで　To jump
とんでいきました　Jumped to
とんでいって　To jump to
とんできました　Jumped to

な・ナ
ない　There isn't / to not have (object)
なか　Inside / Middle
ながいあいだ　A long time

なくなってきました　Started to disappear
なった　Became
なって　To become
なに　What
なにか　Something
なにも　Nothing
なまえ　Name
なりました　Became
なります　To become
なりません　To not become
なる　To become
なん　What
なんでも　Anything

に・ニ
に　(particle) destination marker
にち　Day
ニュース　News
にん　Number of people

ね・ネ
ね　(particle) right?
ねん　Year

の・ノ
の　(particle) possessive / question
ノート　Notebook
ノック　Knock
のって　To board / get on
のっている　Being on board
のってください　Please board
〜ので　Because

のりました　Boarded / Got on
のる　　　To board / Get on

は・ハ

は (wa)　(particle) topic marker
はい　　Yes
はいった　Entered
はいっていました　　Was in
はいってきた　　　Came in
はいってきて　　To come in
はいってきました　Came in
はいりました　　　Entered
はいりましょう　　Let's enter
はいれません　　　Unable to enter
はしった　Ran
はしったこと　Have never run before
がありません
はしりだしました　Started running
はしりました　　　Ran
はしる　To run
バス　　　Bus
はなし　Story, Talk
はなしたかった　Wanted to talk
はなしだしました　Started talking
はなしていました　Was talking
はなしています　Is talking
はなしている　　Is talking
はなしてください　Please talk
はなしました　　Talked
はなします　　To talk
はなしません　　To not talk

はなす　　To talk
はなせます　Able to talk
はなせる　　Able to talk
はははは　　Hahahaha
はやく　　Quickly
はやくない　Not fast
パワー　　Power

ひ・ヒ

ひ　　　　Day
ひと　　　Person
ひとり　　1 person
ピンクダイヤモンド　　Pink Diamond

ふ・フ

ふたり　　2 people
ブックケース　　Bookcase
プラネット　Planet
ふるい　Old
ふるかった　Was old
ふるくて　　Old

へ・ヘ

ベースメント　　　Basement
ベッド　Bed
ペット　Pet
へん（な）　Strange

ほ・ホ

ほか（の・に）　　Other
ぼく　I (male)
ポケット　　Pocket

ま・マ

まえ　　Before / In front

また	Again
まちません	To not wait
まちましょう	Let's wait
まつ	To wait
まって	To wait
まっていてください	Please wait
まっていなさい	Wait (command)
まっていました	Was waiting
まっています	Is waiting
マップ	Map
まもった	Protected
まもってくれて	To protect
まもりたかったら	If you want to protect
まもりました	Protected
まもる	To protect
まわり	Surroundings

み・ミ

みえてきました	Started to be able to see
みえました	Able to see
みえません	Unable to see
みたことがない	Have never seen
みて	To see/look/watch
みていない	Not looking
みていました	Was looking/watching
みています	To be looking/watching
みていません	Not looking
みないで	Don't look / Without looking
みないでください	Please don't look
みました	Saw/looked/watched
みる	To see/look/watch
みんな	Everyone

め・メ・も・モ

め	Eye
メキシコ	Mexico
も	(particle) Also
もって	To hold
もっていました	Was holding
もっていません	Isn't holding

や・ヤ・ゆ・ユ・よ・ヨ

やっと	Finally
ゆっくり	Slowly
よ	(particle) adds emphasis
よく	Well

ら・ラ・る・ル・ろ・ロ

ろくせんさい	6000 years old
ロボット	Robot

わ・ワ・を・ヲ

わああ	(shouting sound)
わかって	To understand
わかっていました	Understood
わかっていません	To not understand
わかっている	To understand
わからない	To not understand
わからなかった	Didn't understand
わかり	To understand
わかりました	Understood
わかります	To understand
わかりません	To not understand
を	(particle) direct object marker

www.ingramcontent.com/pod-product-compliance
Lightning Source LLC
Chambersburg PA
CBHW052125070526
44586CB00016B/2092